ZEITREISE MÜNCHEN

Impressum

Idee, Konzept, Gestaltung, Text: Martin Arz
gedruckt in der EU

© Hirschkäfer Verlag, München, Oktober 2020; 2. Auflage 2024

ISBN 978-3-940839-68-8

Besuchen Sie uns online:

www.hirschkaefer-verlag.de

Mit Liebe gemacht.

 ist wie ein lebender Organismus – ständig der Veränderung unterworfen. Seit der ersten schriftlichen Erwähnung im Jahr 1158 hat München zigmal sein Erscheinungsbild verändert. Wie es in der Stadt einmal ausgesehen hat, kann man sich an vielen Orten kaum noch vorstellen.

Mit diesem Buch soll an jenes alte München erinnert werden, das ab Mitte des 19. Jh. fotografisch dokumentiert wurde, und direkt mit dem verglichen werden, wie sich die Stadt heute zeigt. Das war für den Fotografen heute nicht immer einfach, denn mittlerweile ist die Stadt grün geworden. Daher musste für die aktuellen Fotos die kahle Jahreszeit abgewartet werden, weil sonst viele Perspektiven im dichten Laub der Bäume verschwunden wären.

Natürlich hat es auch in den Jahren zwischen den Bildern architektonische Veränderungen gegeben. Auf das Gebäude eines historischen Fotos folgte nicht immer der hier gezeigte Bau. Es wurde erweitert, umgebaut, abgerissen und neu errichtet. Besonders gravierend wirkten sich die Bombenschäden auf das Stadtbild aus – aber auch die sogenannte zweite Zerstörung Münchens in den 1950er- und 1960er-Jahren tat ihr Übriges, als man vieles, das den Krieg überstanden hatte, als unzweckmäßig, verkehrshindernd oder kurz »oids Glump« ansah und der Abrissbirne überließ. All diese Zwischenstufen konnten nicht berücksichtigt werden.

Das Hauptaugenmerk des Buchs liegt auf der Altstadt. Aber kleine Abstecher führen auch in die alten Vorstädte, die direkt ans Zentrum angrenzen – Isar-, Ludwigs- und Maxvorstadt – sowie in die eingemeindeten Dörfer und Städte Giesing, Haidhausen, Schwabing, Neuhausen und die Au. Übersichtskarten mit Seitenzahlen erleichtern die Orientierung.

Was ist nun schöner? Was gefällt besser? Die Fragen kann sich jeder selbst beantworten.

München, 2020 und 2024

Angerviertel, Graggenau, Hackenviertel und Kreuzviertel

Maxvorstadt, Neuhausen und Schwabing

Au, Giesing, Haidhausen und Isarvorstadt

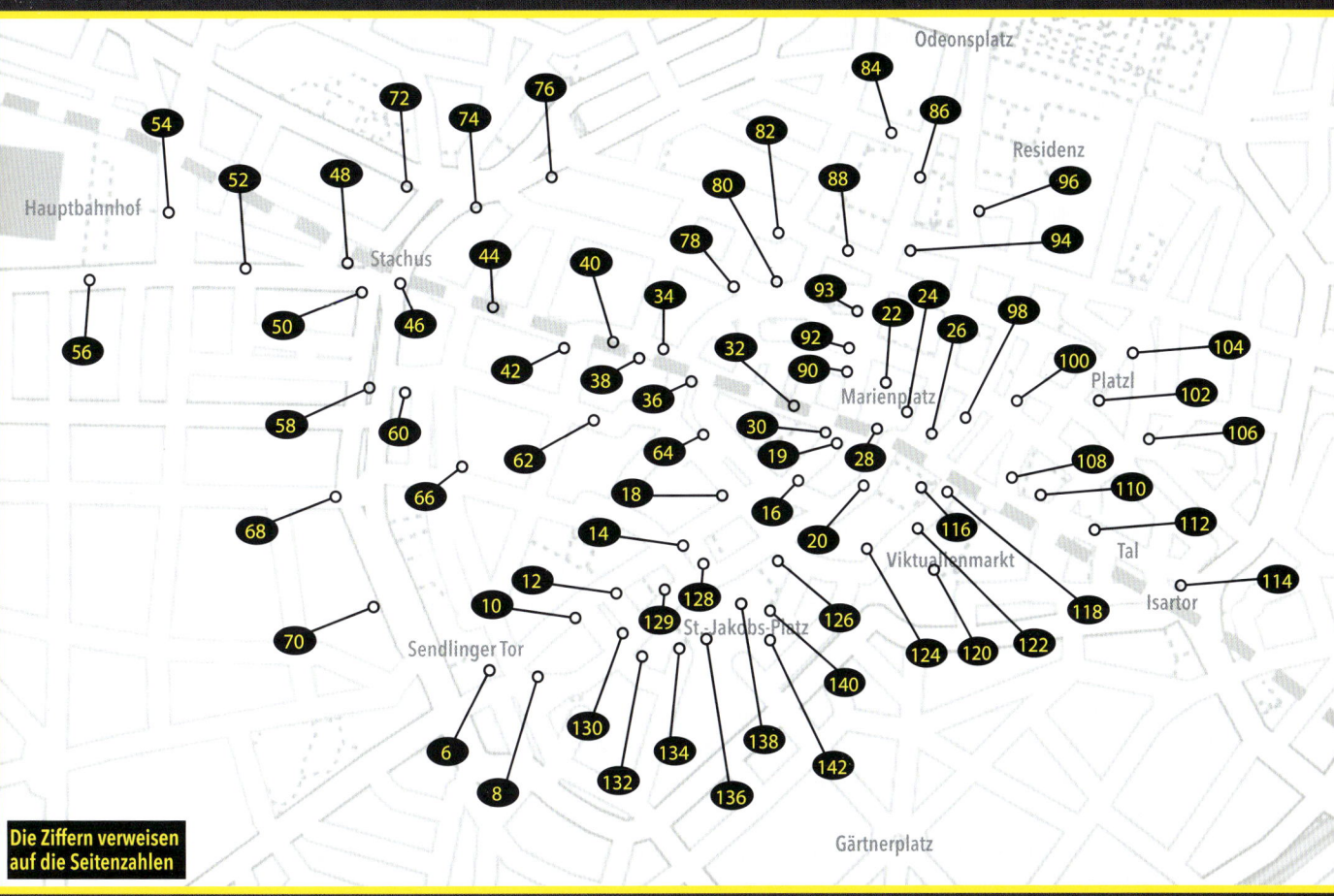

Odeonsplatz

Residenz

Hauptbahnhof

Stachus

Platzl

Tal

Isartor

Marienplatz

Viktualienmarkt

Sendlinger Tor

St.-Jakobs-Platz

Gärtnerplatz

Die Ziffern verweisen auf die Seitenzahlen

Das **SENDLINGER TOR** hat sich seit 1885 verändert. Die Durchfahrt wurde vergrößert. Das Tor war 1318 im Zuge der großen Stadterweiterung unter Kaiser Ludwig dem Bayern erbaut worden. Das historische Foto zeigt noch die uralte mittelalterliche Bebauung am westlichen Ende der Sendlinger Straße.

Wo 1895 noch ein mittelalterliches Stadthaus stand, befindet sich heute am westlichen Ende der **SENDLINGER STRASSE/ECKE HERZOG-WILHELM-STRASSE** ein Nachkriegsbau. Im Hintergrund der alten Aufnahme sieht man die Kapelle des ehemaligen Nockherspitals (später Stadtkrankenhaus am Anger).

Blick in die **SENDLINGER STRAßE** in Richtung Norden (Marienplatz). Drei Jahre nach dem historischen Foto wurden die Häuser abgerissen und durch das markante Singlspielerhaus nach Plänen des späteren Stadtbaurats Dr. Hans Grässel ersetzt. Benannt ist es nach dem Metzgerssohn Franz Singlspieler, der 1673 die Brauerstochter Katharina Hölzl heiratete und das Haus samt Brauerei von den Schwiegereltern übernahm.

Die Ecke *SENDLINGER/SINGLSPIELERSTRAßE*. Der heutige Bau wirkt alt, ist es aber nicht. Das Haus entstand 1925 im Stil der expressionistischen Architektur.

Blick in die **SENDLINGER STRAßE** von der Ecke Dultstraße in Richtung Westen. Der kleine historische Bau vorne links mit der Marienbüste von 1731 und das Nachbarhaus sind erhalten geblieben. Ansonsten haben nur wenige Altbauten den Krieg überstanden.

Woher das Roseneck seinen Namen hat, kann man auf der historischen Aufnahme erkennen: Das vorspringende Gebäude an der Ecke **RINDERMARKT/ ROSENSTRAßE** war mit einem Rosenstock und einer Muttergottes bemalt. Die hier ansässige, über 300 Jahre alte Wirtschaft »Zum Spöckmeier« wurde nach der Kriegszerstörung in Richtung Marienplatz in einen Neubau verlegt. Erhalten blieben das Zanoli-Haus (angeschnitten ganz links) und das neobarocke Eckhaus von 1902 gegenüber (angeschnitten rechts). Das Vinzenz-Murr-Haus ist ein Nachkriegsbau von 1949 im »Altmünchner Stil«. Der wuchtige Kaufhauskomplex daneben stammt von 1972, dessen Planung eine Zeitungsnotiz vom 11. April 1969 lobte: »Dank einer geschickten Fassadengestaltung bleibt der Altstadtcharakter in diesem Bereich weitgehend erhalten.«

1920

1900

Ein Stück Mittelalter hatte sich bis 1910 an der Ecke **SENDLINGER STRAßE/FÄRBERGRABEN** erhalten. Dann riss man die beiden spätgotischen Häuser am sogenannten Rappeneck ab. Den dezent gründerzeitlich anmutenden Neubau von 1911 entwarfen die Architekten Eugen Hönig und Karl Söldner. Das benachbarte Geschäftshaus mit der Glasfassade stammt von 1960.

1915

Ernüchternd ist heute der Blick vom *MARIENPLATZ* in die *ROSENSTRASSE.* Die reich verzierten Jahrhundertwendebauten sind banaler Nachkriegsarchitektur gewichen.

Der **RINDERMARKT**, hier mit Blick zum Alten Peter, ist heute von Bauten der Nachkriegsmoderne geprägt. 1873 erwarb die Firma Kustermann das Haus mit dem Geschäft von A. Goldmann, um hier ihren Stammsitz einzurichten.

Der *MARIENPLATZ* war immer der zentrale Platz Münchens. Hier fanden früher der Getreide- und der Fischmarkt statt. Die vergoldete »Patrona Bavariae« wacht seit 1638 über den Platz, doch nannte man ihn erst ab 1857 Marienplatz. Die eingezäunte Grünanlage musste 1888 der Pferdetrambahn weichen. Seit 1909 schließt das neugotische Rathaus, nach Plänen von Georg von Hauberrisser ab 1867 entstanden, den Marienplatz nach Norden ab.

1860

Ein Durchgang vom *MARIENPLATZ* zum Viktualien-markt war einst nur durch das Tor im Turm des *ALTEN RATHAUSES* möglich. Direkt anschließend an den Turm standen das Stadtarchiv und das Onuphriushaus sowie ein Geschäftshaus, die zum Zeitpunkt der historischen Aufnahme Neubauten waren (1890–1892 bzw. 1898 errichtet). *vgl. auch Covermotiv.*

1914

Vor langer Zeit fand an der **NORDOSTECKE** des **MARIENPLATZES** der Eier- und Kräutlmarkt statt. Das alte Foto zeigt das Café Rathaus und rechts daneben das ab 1859 existierende Café Perzel, dessen reich verzierte Neorokokofassade von 1876 stammte. Die Cafés sowie die benachbarten Gebäude fielen Kriegsbomben zum Opfer. Auf dem Gelände erbaute 1954 die Firma Beck ihr Kaufhaus.

Zweckbauten aus der Nachkriegszeit bestimmen heute die Optik der **MARIENPLATZ-SÜDSEITE.** Aufwendige Fassadengestaltung, wie sie einst Münchens Hauptplatz zierte, sucht man vergebens.

Die Ecke **KAUFINGER-/ROSENSTRAßE** im Südwesten des **MARIENPLATZES** hat massive Veränderungen erfahren. Das granitverkleidete Kaufhof-Gebäude, das 1969–1972 nach Plänen von Josef Wiedemann erbaut wurde, wird bis heute von vielen als »Bunker« empfunden und angefeindet. Der Vorgängerbau war ebenfalls ein Kaufhaus: Die Firma Roman Mayr ließ 1912 die Architekten Heilmann & Littmann (von ihnen stammt auch der Oberpollinger) ein repräsentatives Gebäude im Zopfstil konstruieren. Es überstand den Zweiten Weltkrieg beinahe unbeschadet und musste erst 1968 in der sogenannten zweiten Zerstörung Münchens dem heutigen Bau weichen.

Blick in die **KAUFINGERSTRAßE** in Richtung *MARIENPLATZ:* Einige historische Fassaden haben hier den Krieg überstanden.

Blick durch die **KAUFINGERSTRAẞE** in Richtung Marienplatz (also nach Osten). Links ist die Augustinerkirche, deren älteste Teile aus dem 13. Jh. stammen. Die einstige Klosterkirche wurde nach der Säkularisation 1803 als Mauthalle genutzt, dann wurde sie Teil des Polizeipräsidiums. Nach dem Zweiten Weltkrieg wurde die Kirche 1964 als Jagd- und Fischereimuseum wiederaufgebaut.

München. Kaufingerstrasse.

F. J. H. M. 239.

Die Ecke **NEUHAUSER STRASSE/ FÄRBERGRABEN.** Interessanterweise lockte einst direkt über dem Café Biedermeier eine Ausstellung über Volkskrankheiten.

Blick von der **ETTSTRASSE** aus in die **NEUHAU-SER STRASSE:** Heute steht hier sogar noch ein niedriger Behelfsbau aus der Nachkriegszeit.

1910

1820 erwarb der erfolgreiche Brauer Joseph Pschorr den insolventen Bauernhansl-bräu in der **NEUHAUSER STRAßE** sowie einige Nachbargrundstücke. Hier errichtete er seine beliebten und erfolgreichen Pschorr-Bräu-Bierhallen. Auf dem Grundstück entstand in den Nachkriegsjahren ein großes Kaufhaus, der Karstadt am Dom. Heute steht hier das 2013 eröffnete Joseph-Pschorr-Haus (nach Plänen der Berliner Architekten Kuehn Malvezzi), in dem u. a. der Sport Scheck zu Hause ist.

1890

Die Ecke *NEUHAUSER /EISENMANNSTRAßE.*
Das schmale Jugendstilgebäude rechts neben
dem Eckhaus hat die Jahrzehnte überstanden.

Die markante wirkende Front des Kaufhauses Oberpollinger an der **NEUHAUSER STRAßE** entstand 1905 nach Plänen von Heilmann & Littmann. Zuvor stand hier 1584–1842 eine Brauerei mit Wirtsstube und danach ein großes Hotel, das sich über fünf aneinander grenzende Häuser erstreckte. Links und rechts neben dem Karlstor befanden sich Gasthäuser und Hotels. Das ursprünglich neugotische Hotelgebäude rechts am Karlstor wurde 1960 vereinfacht renoviert, mit einem Giebel sowie einem Zwiebeltürmchen versehen und in ein Kaufhaus umgewandelt.

Die Rondellbauten links und rechts neben dem *KARLS-TOR* wurden zwischen 1796 und 1802 erbaut. Das historische Foto zeigt noch die alte Baususbstanz, bevor die Gebäude durch den Architekten Gabriel von Seidl 1899–1902 aufgestockt und umgebaut wurden. Der Springbrunnen von Bernhard Winkler entstand 1972.

Der **STACHUS**, hier mit Blick in Richtung Westen von der Altstadt zur Ludwigsvorstadt, hat sich in den Jahrzehnten vor allem in Sachen Verkehrsführung, Bebauung und Platzgestaltung häufig verändert. Während dieses Buch entstand, wurde das Hotel Königshof abgerissen (kleines Foto) und durch einen Neubau ersetzt.

1900 München Karlsplatz

Um 1740 stand an der Ecke **SONNENSTRAßE/KARLSPLATZ** der beliebte Gasthof »Zum Stachusgarten«, nach dem der Karlsplatz im Volksmund »Stachus« genannt wird. Das elegante Hotel auf der historischen Aufnahme wurde 1874 erbaut. Im Hotelkomplex betrieb die Firma Horn ein Bekleidungsgeschäft, das bald so erfolgreich wurde, dass es mehr und mehr Räume des Hotels übernahm, bis man 1918 den Hotelbetrieb ganz einstellte und das Haus 1925 zum Kaufhaus umbaute. Die Firma Kaufhof ließ 1951 auf dem von Bomben verwüsteten Grundstück in nur 162 Tagen das neue Haus errichten.

Von den einstigen Prachtbauten an der **BAYER-STRAßE** (Blickrichtung nach Osten, Innenstadt) ist nichts geblieben. Der neobarocke große Bau auf dem historischen Foto (rechte Straßenseite, Mitte) war das Mathäserbräu, heute steht hier ein Kinokomplex.

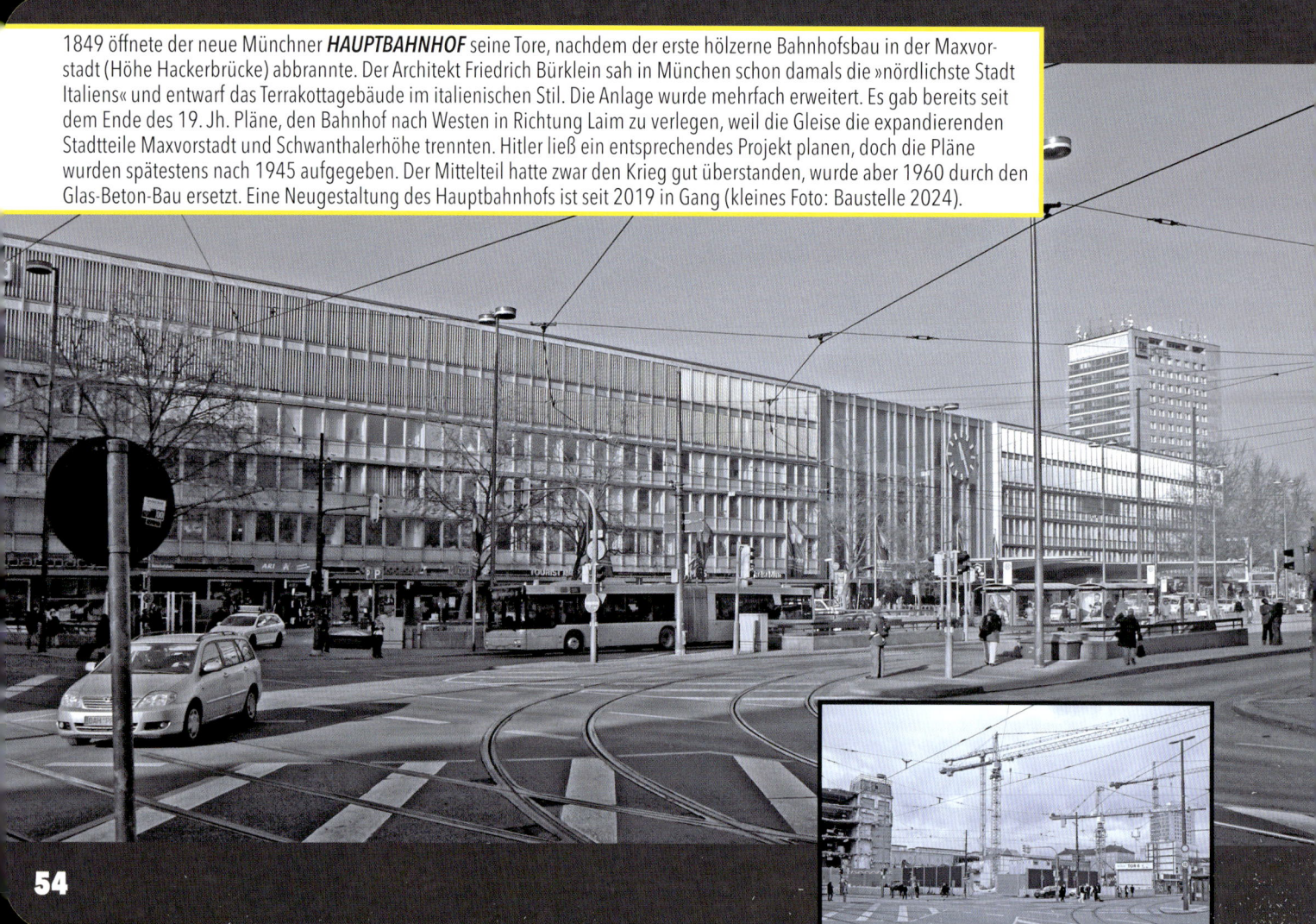

1849 öffnete der neue Münchner **HAUPTBAHNHOF** seine Tore, nachdem der erste hölzerne Bahnhofsbau in der Maxvorstadt (Höhe Hackerbrücke) abbrannte. Der Architekt Friedrich Bürklein sah in München schon damals die »nördlichste Stadt Italiens« und entwarf das Terrakottagebäude im italienischen Stil. Die Anlage wurde mehrfach erweitert. Es gab bereits seit dem Ende des 19. Jh. Pläne, den Bahnhof nach Westen in Richtung Laim zu verlegen, weil die Gleise die expandierenden Stadtteile Maxvorstadt und Schwanthalerhöhe trennten. Hitler ließ ein entsprechendes Projekt planen, doch die Pläne wurden spätestens nach 1945 aufgegeben. Der Mittelteil hatte zwar den Krieg gut überstanden, wurde aber 1960 durch den Glas-Beton-Bau ersetzt. Eine Neugestaltung des Hauptbahnhofs ist seit 2019 in Gang (kleines Foto: Baustelle 2024).

1905

Blick durch der **BAYERSTRAßE** in Richtung **STACHUS,** links eine Ecke des Hauptbahnhofs. Bis heute erhalten ist das herrliche Gebäude des Hotels Stadt Wien von 1915 (ganz rechts).

128. München - Bayerstraße

1920

Die alte Matthäuskirche ist komplett verschwunden. Sie wurde 1833 als »protestantische Kirche Münchens« vor dem Karlstor eingeweiht. Den nachklassizistischen Bau inmitten der **SONNENSTRAßE** hatte Johann Nepomuk Pertsch entworfen. Die katholischen Regenten hatten den Protestanten bewusst einen wenig repräsentativen Platz zwischen Schwanthalerstraße und Herzogspitalstraße zugewiesen. Die Kirche wurde zur Hofkirche für die angeheirateten evangelischen Mitglieder des Königshauses. Adolf Hitler drängte 1938 seinen Gauleiter Adolf Wagner, die Kirche zu beseitigen, weil die Sonnenstraße auf Berliner Maße verbreitert werden sollte. Heute befinden sich an dieser Stelle Straßenbahngleise und die Haltestelle Karlsplatz. Nach dem Krieg wurde St. Matthäus weiter südlich am Sendlinger Tor neu erbaut.

Die Ecke **SONNEN-/HERZOSPITALSTRAßE** mit der Sonnen-Apotheke, dem Modegeschäft Carl Rieger und dem Russischen Teesalon lud einst zum Bummeln ein. Auf dem historischen Foto erkennt man ganz rechts noch die alte Matthäuskirche.

Die beinahe fensterlose Fassade eines Parkhauses macht heute das **ALTHEIMER ECK** wenig attraktiv. Einst befanden sich hier Läden und die Rückseite der Pschorr-Bräu-Bierhallen. Im Vorgängerbau der Bierhallen kam 1864 der Komponist Richard Strauss zur Welt, seine Mutter war eine geborene Pschorr.

Wo einst pittoreske Geschäftshäuser zwischen *FÄRBERGRABEN* und *FÜRSTENFELDER STRAßE* standen, befindet sich heute ein Parkhaus.

Das prächtige barocke Spital in der **JOSEPHSPITAL-STRAßE** wurde zwischen 1626 und 1632 erbaut und unter Giovanni Viscardi erweitert. Es diente bis 1927 als Krankenhaus. 1929 kaufte die Stadt München das Gebäude, nachdem das Josephs-Stift nach Sendling umgezogen war. Nach der Kriegszerstörung folgte 1953/54 der heutige Backsteinbau.

Die 1906 vollendete Paulskirche steht nach wie vor am westlichen Ende der *LANDWEHRSTRAßE* – ansonsten hat sich fast alles in der Straße geändert.

Das neugotische Gebäude an der **SONNENSTRAßE** kennen viele Münchner noch als Postscheckamt. Erbaut wurde es aber 1853–1856 als Universitäts-Frauenklinik von Friedrich Bürklein. Nachdem die Klinik weder den räumlichen noch den hygienischen Ansprüchen mehr genügte, verlegte man die »Frauengebäranstalt« 1916 in einen Neubau in der Maistraße. Heute dient das Gebäude als moderne Privatklinik.

Der »Herzoggarten« zwischen *ELISEN-* und *PRIELMAYERSTRAßE* wurde als perfekter Bauplatz für den neuen Justizpalast auserkoren. Dort stand noch das in den 1750er-Jahren erbaute Clemens-schlössl, das ab 1826 das Kadettencorps beherbergte. Die seltene Aufnahme zeigt das Schlössl vor seinem Abriss neben dem beinahe fertigen Justizpalast (1897 eröffnet).

1895

73

Prinzregent Luitpold eröffnete 1900 das Künstlerhaus am **LENBACHPLATZ,** das Gabriel von Seidl entworfen hatte. Das im Krieg zerstörte Gebäude wurde originalgetreu wiederaufgebaut. Der imposante Bau links war die liberale Hauptsynagoge. Das 1887 an der Herzog-Max-Straße geweihte Gotteshaus – das gemeinsam mit der Frauenkirche die alte Münchner Skyline bestimmte – wurde 1938 fünf Monate vor der »Reichsprogromnacht« auf Befehl Adolf Hitlers aus »verkehrstechnischen Gründen« abgerissen. Heute gehört das Areal zu einem Kaufhaus, ein Mahnmal erinnert an die alte Synagoge.

Blick vom *LENBACHPLATZ* aus zur Herzog-Max-Burg. 1590 ließ Herzog Wilhelm V. den repräsentativen Palastkomplex auf dem Areal von 54 Bürgerhäusern errichten. Seinen Namen verdankte die Anlage Herzog Maximilian Philipp von Bayern-Leuchtenberg, der als Regent für den noch minderjährigen Kurfürsten Max Emanuel hier in der zweiten Hälfte des 17. Jh. residierte. In ihrer Geschichte wurde die Anlage mehrfach aus- und umgebaut, zuletzt 1866. Nach dem Zweiten Weltkrieg bauten Sep Ruf und Theo Papst 1954–1957 die Neue Maxburg, die Geschäfte sowie Justizbehörden beherbergt. Erhalten blieb nur der Renaissanceturm. Die Münchner lehnten den Neubau kategorisch ab. Da das Gebäude bis 1964 eingerüstet blieb, weil die Verkleidung ständig nachgebessert werden musste, bekam die Maxburg den Spottnamen »Murxburg«.

Das Café Fink an der **LÖWENGRUBE 1** galt in einem Stadtführer von 1835 als »sogenannte Malerkneipe«, und man rätselte, warum sich die Künstler so gerne in »diesem unansehnlichen Winkel« versammelten. 1869 übernahm Adolf Baumann das Lokal. Das Café existierte bis 1923. Der heutige Nachkriegsbau, der sich nun direkt an das Polizeipräsidium (links) anschließt, ist deutlich schmaler.

Kein historisches Gebäude ist hier erhalten. Der Blick von der *LÖWENGRUBE* aus in Richtung Osten, also in Richtung *SCHÄFFLER-* und *WINDENMACHERSTRAßE,* ist geprägt von nüchterner Nachkriegsarchitektur.

1904

Nach wie vor ist die Firma Loden Frey an der Ecke **PROMENADEPLATZ/MAFFEISTRAßE** zu finden. Die Architektur, vor allem die der Nachbarhäuser, hat sich jedoch massiv verändert.

1912

Einst musste man durch den sogenannten Kühbogen gehen, um von der *SALVATORSTRASSE* zur Theatinerstraße zu gelangen. Der Bogen verband das ehemalige Theatinerkloster und das benachbarte Palais Berchem. Beide Gebäude nutzte zum Zeitpunkt der historischen Aufnahme das Innenministerium. Während das Klostergebäude nach dem Krieg rekonstruiert wurde, ersetzte man das Palais Berchem durch Neubauten.

Die **THEATINERSTRAßE** von der Ecke **PERUSASTRAßE** aus gesehen. In dem Rokokogebäude mit der üppigen Stuckfassade lebte im 16. Jh. der Maler Hans Mielich. Mitte des 18. Jh. ließ es der damalige Besitzer Felix von Toerring-Jettenbach zu einem repräsentativen Stadtpalais umbauen. Zwar wurde das Haus im Zweiten Weltkrieg zerstört, die Fassade jedoch blieb stehen. Statt sie mit neuem Innenleben zu füllen, riss man sie im Zuge der Schuttbeseitigung ab. In dem Neubau mit der dunklen Fassade befindet sich heute ein Eingang zur Einkaufspassage Fünf Höfe.

1905

An der Ecke **THEATINER-/MAFFEISTRAße** stand einst das Palais Arco (erbaut um 1770). Es wurde 1908-1910 durch den heute noch erhaltenen neobarocken Geschäftsbau (Entwurf G. Meister und O. Bieber) ersetzt.

Der alte Donisl an der **WEINSTRASSE** wurde auf dem historischen Foto zur Sicherheit mal gekennzeichnet. An dieser Stelle existierte bereits 1315 ein Weinlokal. 1715 wurde daraus eine Bierwirtschaft, die später den Namen Donisl nach ihrem Wirt Dionysius Haertl (Wirt 1760–1775) erhielt. Das kriegszerstörte Gebäude wurde 1954 wiederaufgebaut.

1900

ZWEIBRÜCKENSTR. 5.

Dontst.

Blick von der **WEINSTRASSE 8** aus in Richtung **THEATINERSTRASSE:** Ganz links angeschnitten das Kaufhaus Stadt London, das 1955 durch einen Neubau ersetzt wurde.

1884

1903

Blick von der Ecke **WEIN-/SCHÄFFLERSTRAßE** aus in Richtung **MARIENPLATZ.**

An der Ecke **THEATINER-/PERUSASTRAßE** stand einst das Haus des Grafen Ludwig von Perusa, das ab 1809 die Klosterapotheke der Englischen Fräulein beherbergte. Der Neubau mit Natursteinverkleidung stammt von 1979.

1906

Wenn man vom Nationaltheater aus über den **MAX-JOSEPH-PLATZ** in Richtung Westen zur Frauenkirche blickt, erkennt man heute noch Formen der ursprünglichen Bebauung. Entlang der Residenzstraße haben sich schmale Häuser erhalten, nur die typischen spätmittelalterlichen Steildächer mit Schleppgauben mussten zugunsten weiterer Stockwerke weichen. Seit 1910/11 setzt das im historisierenden Stil von Heilmann & Littmann errichtete Zechbauer-Haus an der Ecke Residenz-/Perusastraße einen markanten Akzent.

Einst befand sich an der Westseite der **BURGSTRAßE** zum **ALTEN HOF** hin der herzogliche Löwenzwinger, geblieben ist davon nur noch der Name Löweneck. Der gotische Torturm der Burganlage wurde 1816 abgebrochen und erst nach dem Zweiten Weltkrieg wiederaufgebaut. Erhalten blieb das spätgotische Gebäude der ehemaligen Stadtschreiberei (links), später städtisches Weinlager und heute ein Restaurant. Das benachbarte »Mozarthaus« (hier lebte und arbeitete Mozart 1780) wurde 1963 durch einen Neubau ersetzt.

Noch 1910 floss der Pfisterbach teilweise offen durch die **_SPARKASSENSTRASSE_** (Blick in Richtung Viktualienmarkt). Nur das Teilstück am Sparkassen-Neubau ist auf dem alten Bild schon überwölbt. Auch das Gasthaus Scholastica hat sich drastisch verändert. Der Bach wurde 1912 komplett mit einer Straße überbaut und 1968 endgültig aufgelassen.

Restaurant
Scholastica

LEDERERSTR. 25

Ab 1607 war das Hofbräuhaus am *PLATZL* zu Hause. Erst 1828 gestattete König Ludwig I., in der Brauerei auch Gäste zu bewirten. Das alte schlichte »Weiße Bräuhaus« wurde abgerissen und durch den heutigen, 1897 eröffneten neobarocken Bau (Entwurf: Max Littmann) ersetzt.

Hier stand einst das **KOSTTOR**, ein Stadttor, das 1872 abgerissen wurde. Während in Richtung Westen die meisten historischen Gebäude aus der Jahrhundertwende erhalten sind, bestimmen moderne Bauten die Osthälfte des Platzes.

München   Am Kosttor

SAVOY HOTEL ROTH

So schön der ganz links angeschnittene Bau (1875–1880 von Johann Kilian Stützel errichtet) an der **NEUTURMSTRAßE** auch ist, so ernüchternd ist der massive schwarze Block gegenüber, der ein Parkhaus beherbergte (inzwischen abgerissen, hier ist aktuell eine Baugrube). Heute ist im prächtig renovierten Neorenaissancebau ein Luxushotel untergebracht. Einst befanden sich hier die Centralsäle, ein beliebtes Ballhaus.

Ursprünglich korrespondierten die Gebäude im *TAL,* links und rechts der *MADERBRÄUSTRASSE* miteinander. Sie stammten von 1902/03 nach Plänen von Heilmann & Littmann. Das »Meteck« (l.) wurde 1939 abgerissen. Der Sparkassenneubau stammt von 1954–1957 und erinnert an den schlichten Vorgängerbau des »Metecks«. Das Weiße Bräuhaus (r.), nach dem Krieg lange ohne Giebel und Stuck, wurde erst in den 1990ern wieder nach historischen Vorlagen renoviert.

Das *TAL* einst und heute: Der Blick geht vom Möbelhaus Böhmler aus in Richtung Osten zum Isartor.

Die Kriegszerstörung ließ von den historischen Gebäuden im *TAL*, Blickrichtung zum *ISARTOR*, nichts übrig.

Die Kriegszerstörung hat auch das Umfeld des *ISARTORS* stark verändert. Wo früher noch eine durchgehende Bebauung zwischen Lueg ins Land und Herrnstraße stand, rollt heute der Verkehr auf dem großzügig ausgebauten Altstadtring.

1920

Auf dem *PETERSBERGL* an der Rückseite von St. Peter hat man heute beinahe freie Sicht auf das Alte Rathaus, denn das verwinkelte gotische Haus auf der historischen Aufnahme fiel 1944 einem Bombenangriff zum Opfer und wurde nicht wiederaufgebaut. Es war das sogenannte Kleine Rathaus, das ab 1876 das Standesamt beherbergte. Wo es stand, befindet sich nun ein Durchgang vom Marienplatz zum Tal, und vom Petersbergl führt heute eine Treppe hinunter zum Marienplatz.

Die Bomben des Zweiten Weltkriegs hinterließen in München massivste Zerstörungen. Der markante Turm des Alten Rathauses am *MARIENPLATZ* wurde erst 1974 nach dem Vorbild des gotischen Originals von 1493 wiederhergestellt.

Einst stand an der Ecke *TAL/SPARKASSENSTRASSE* das mittelalterliche Stadtoberrichterhaus, das ab 1840 als Administrationsgebäude diente. Es wurde zwischen 1898 und 1906 in mehreren Etappen abgerissen und durch den neobarocken Neubau von Hans Grässel ersetzt. Einen Durchgang zur heutigen Sparkassenstraße gab es damals noch nicht, denn statt einer Straße floss dort offen der Pfisterbach.

Wo heute Verkaufsstände des **VITKUALIENMARKTS** sind, stand 1890 noch der Fischerturm, ein Übrigbleibsel der ersten Stadtmauer. Der Turm war bewohnt, unten gab es ein Café. Er wurde ein Jahr nach der Aufnahme für die Erweiterung des Markts abgerissen.

Der Blick vom **VIKTUALIENMARKT** aus zur **SPARKASSEN-STRASSE** zeigt die 1881 nach Plänen von Arnold Zenetti erbaute Terrasse am Osthang des Petersbergls. Im neugotischen Unterbau brachte man Metzgerläden unter. Auf der historischen Aufnahme sieht man vor dem Alten Rathausturm noch das 1944 zerstörte Kleine Rathaus. An der Südspitze der Terrasse befand sich früher eine öffentliche Bedürfnisanstalt, heute lädt hier (und oben auf der Terrasse) ein Café zum Verweilen ein.

1910

Blick vom **VIKTUALIENMARKT** aus in Richtung Süden. Der neobarocke Bau mit Terrasse (r.) ist noch erhalten, ebenso das Geschäftshaus der Firma Kustermann. Die rote Fassade im Neorenaissancestil schuf der Architekt Albert Schmid.

Die Ecksituation *ROSENTAL/PETTENBECKSTRAßE* hat sich gewaltig gewandelt. Wo sich einst das Haushaltswarenkaufhaus August Frank befand (und später das Kaufhaus Uhlfelder), steht heute ein Nachkriegsbau des Münchner Stadtmuseums. Man erkennt gut, dass die Straße früher schmaler war.

1906

1905

Vom St.-Jakobs-Platz aus sieht man in der
DULTSTRAßE heute nur moderne Architektur.

Blick vom Anwesen **OBERANGER 28** in Richtung Südwesten zum Sendlinger Tor hin. Von der historischen Bebauung ist nichts erhalten.

Blick vom Anwesen *OBERANGER 30* aus in Richtung Rindermarkt. Von der historischen Bebauung ist nichts erhalten.

Blick vom Anwesen **OBERANGER 33** aus in Richtung Rindermarkt. Auch hier erinnert nichts mehr an die historischen Gegebenheiten.

Es hatte den Krieg überstanden und wurde trotzdem abgerissen: Das Mietshaus am *UNTEREN ANGER 20* gehörte einst zum gegenüberliegenden St.-Jakobs-Kloster und ist seit 1800 nachgewiesen. Obwohl es nach Kriegsende renoviert wurde, kam 1965 die Abrissbirne, um Platz für ein Parkhaus samt Tankstelle zu schaffen. Dieses musste einem Neubauprojekt weichen, das 2008 in die Schlagzeilen geriet, weil die Penthousewohnung damals mit 7,8 Mio. Euro Kaufpreis als teuerste Eigentumswohnung Münchens galt.

Ja, aber ohne den Schinken.

Mitten auf dem *ST.-JAKOBS-PLATZ* stand einst das sogenannte Seidenhaus, das seinen Namen einer Seidenspinnerei verdankte, die hier früher produzierte. An der Stelle des Seidenhauses befindet sich das 2006 eingeweihte Jüdische Kulturzentrum, entworfen vom Saarbrücker Architekturbüro Wandel, Hoefer, Lorch, mit Jüdischen Museum und der Ohel-Jakob-Synagoge (vom Museumsbau verdeckt).

Der Blick vom *ST.-JAKOBS-PLATZ* aus zur *DULTSTRAßE* hat sich stark verändert, nicht nur wegen der Neubauten. Die Pettenbeckstraße war viel schmaler, wie man auf der historischen Aufnahme sieht. Das links ins Bild ragende Gebäude ist nicht das Orag-Haus, sondern die Feuerwache, die früher auf dem Platz stand (nach heutiger Bebauung zwischen Synagoge und Orag-Haus).

Markttag auf dem *ST.-JAKOBS-PLATZ:* Wo heute ein Café im Sommer seine Außenbestuhlung hat, fand einst der Kartoffelmarkt statt. Das im Krieg zerstörte und nicht wiederaufgebaute Gebäude rechts daneben war das Wohnhaus des Malers Carl Spitzweg.

Die Ostseite des **ST.-JAKOBS-PLATZES** nahmen bis zum Ende des Zweiten Weltkriegs Altmünchner Bürgerhäuser ein. Das Altenwohnheim, das heute an dieser Stelle steht, entstand 1978/79. Links ins Bild ragt die kubusartige 2006 eingeweihte Ohel-Jakob-Synagoge. Im Vordergrund ist der Spielplatz des Jüdischen Gemeindezentrums vor dem Café des Jüdischen Museums zu sehen.

Maxvorstadt, Neuhausen und Schwabing

Olympiapark

Schwabing

166 Münchner Freiheit

164

162

Neuhausen

158

Hochschule

Alter Nordfriedhof

Kunstakademie

160

Rotkreuzplatz

Herzzentrum

Maxvorstadt

Universität

Englischer Garten

Pinakotheken

154 152

150

146

Königsplatz

148

156

Hofgarten

Lehel

Hauptbahnhof

Nur anhand der Südfassade des Prinz-Karl-Palais (l.) lässt sich die Gegend überhaupt noch identifizieren. Der Blick von der **GALERIESTRAßE** (heute Sackgasse) aus zur Prinzregentenstraße war 1905 nicht möglich. Der Platz mit der Statue »Harmlos« sowie alle Gebäude zwischen Galerie-, Prinzregenten- und Pilotystraße wurden im Krieg zerstört. Durch das Areal führt heute der Altstadtring. Der »Harmlos« wurde inzwischen wieder in etwa an seinem alten Platz aufgestellt.

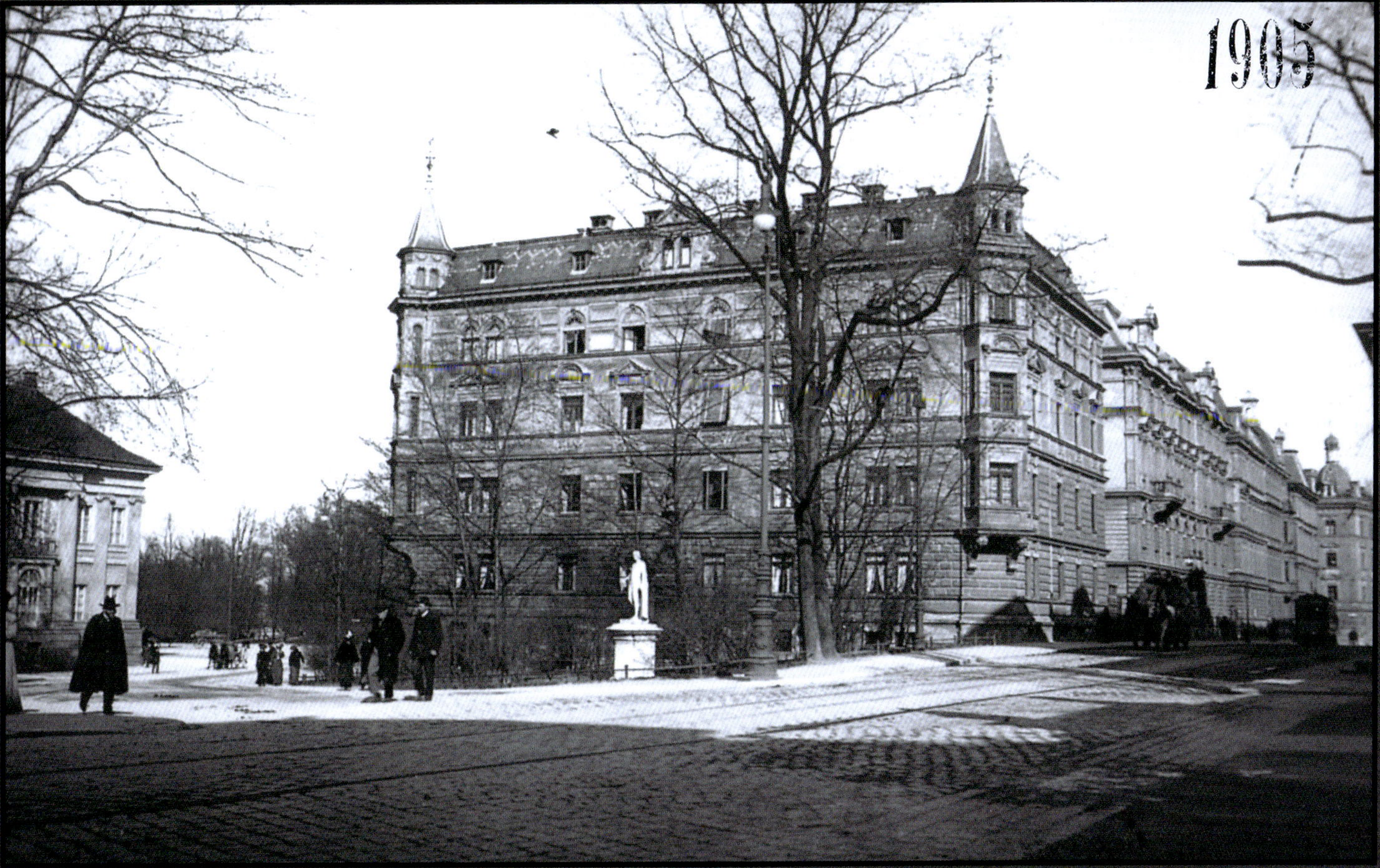
1905

In den Jahren, als »München leuchtete«, wie Thomas Mann schrieb, als also zur Wende des 19. zum 20. Jh. die Kunst- und Kulturszene brodelte, zählte das Café Luitpold im »Luitpoldblock« an der **BRIENNER STRAßE** zu den Topadressen für Bohemiens und Adabeis. Der Neorenaissancebau entstand 1886–1888 anstelle von sieben Wohnhäusern, den sogenannten Knorrhäusern. Auf dem Kriegsruinengrundstück baute man 1961 und 1975/76 einen neuen Komplex, der stilistisch an die ursprünglichen Knorrhäuser erinnert.

1900

An der Ecke **BRIENNER-/TÜRKENSTRAßE** stand einst das Wittelsbacher Palais, das Maximilian II. noch als Kronprinz 1848 erbauen ließ. Nach den Revolutionsjahren von 1918/19 nutzte das Sozialministerium den Bau, später richtete die Gestapo hier ihr Zentrum des Grauens ein. Nach dem Zweiten Weltkrieg sollte auf dem Ruinengrundstück eine Grünanlage entstehen. Doch die Stadt veräußerte das Areal lieber an die Bayerische Landesbank, die bereits 1964 in der benachbarten Brienner Straße 20 einen Neubau bezogen hatte. Das Architektenbüro Beck-Enz-Yelin erbaute 1977–1982 den Komplex und bezog dabei das Haus der ehemaligen Disconto-Gesellschaft in der Brienner Straße 16 (von Max Littmann 1922 entworfen) mit ein.

Der Blick von der **BRIENNER STRAßE** aus in die **RICHARD-WAGNER-STRAßE** hat sich bis auf das Paläontologische Museum im Hintergrund, ein 1902 von Leonhard Romeis entworfener Neorenaissancebau, der einst als Schule diente, drastisch gewandelt. Das Museum ist hier seit 1950 zu Hause. Rechts ist der moderne Erweiterungsbau des Lenbachhauses zu sehen, wo auf dem alten Foto noch eine Gartenvilla steht.

1944

Wenn man 1910 an der Ecke **AUGUSTEN-/BRIENNER STRAßE** stand und in Richtung der Propyläen blickte, sah man noch die alte Schack-Galerie (rechte Straßenseite mit Türmchen). Heute bestimmen Zweckbauten das Bild.

1910

Das 1913 fertiggestellte Verkehrsministerium an der Ecke *ARNULF-/SEIDLSTRAßE* wurde von einer 72 m hohen Kuppel dominiert. Eine Brücke über die Arnulfstraße verband die Gebäudeteile. Ein paar alte Bauten haben die Kriegsbomben überstanden und wurden in die Neubebauung integriert. Heute hat auf dem Gelände u. a. der Bayerische Rundfunk seinen Sitz.

1912

Der markante Turm der Winthir-Apotheke am *ROTKREUZPLATZ/ NYMPHENBURGER STRAßE 160* ist längst Geschichte. Das Gebäude hat den letzten Weltkrieg nicht überstanden. Entworfen worden war die burgartige Anlage 1896/97 vom Architekten Leonhard Romeis nach dem Vorbild der Münze von Hall in Tirol. Am 4. Oktober 1944 zerstörten Fliegerbomben das Anwesen.

Von der Kunstakademie aus hatte man früher in die *AKADEMIESTRAßE* einen hochherrschaftlicheren Anblick als heute.

1905

1845 ließ König Ludwig I. seinen Architekten Friedrich von Gärtner ein Palais für Königin Therese an der Straße nach Schwabing (die spätere *LEOPOLDSTRAßE*) bauen. Ab 1872 lebten Prinz Leopold und seine Gattin Gisela von Österreich hier. Nach Giselas Tod 1929 erfolgte sukzessive der Abriss. Verschiedene Bebauungspläne scheiterten am Ausbruch des Zweiten Weltkriegs. Zwischen 1963 und 1970 errichtete der Freistaat auf dem Grundstück die Mensa und die Verwaltung des Studentenwerks. Der wegen seiner Farbe »Schweinchenbau« genannte Neubau mit Seminarräumen eröffnete 1985.

Der vorstädtische Charakter der Ecke **LEOPOLD-/ HOHENZOLLERNSTRAßE,** den das Haus mit dem Türmchen noch vermittelte, ist längst dahin. Moderne Zweckbauten beherrschen die Szene, nur das Eckhaus mit der Madonna (r.) ist erhalten.

Einst stand an der Kreuzung *FEILITZSCH-/LEOPOLDSTRAßE* der Rittersitz Mitterschwäbing, der 1877 zur Gaststätte umgebaut wurde. Daneben errichtete Petuel eine Brauerei. 1889 übernahm die Salvatorbrauerei das Anwesen, riss den Rittersitz ab, baute die neue Gaststätte und benannte sich in Schwabinger Bräu um. 1961 wurde das niedrige Gasthaus abgerissen und drei Jahre später das 50 m hohe Hertiehochhaus eröffnet (kleines Foto, Architekt Karl Eckstein). Der »Schwarze Riese« musste 1992 auf ein der Umgebung angepasstes Maß rückgebaut werden. Als Ausgleichsfläche bekam der Kaufhauskonzern die benachbarten Flächen der Schwabinger Brauerei, die damit aufhörte zu existieren.

1942

Au, Giesing, Haidhausen und Isarvorstadt

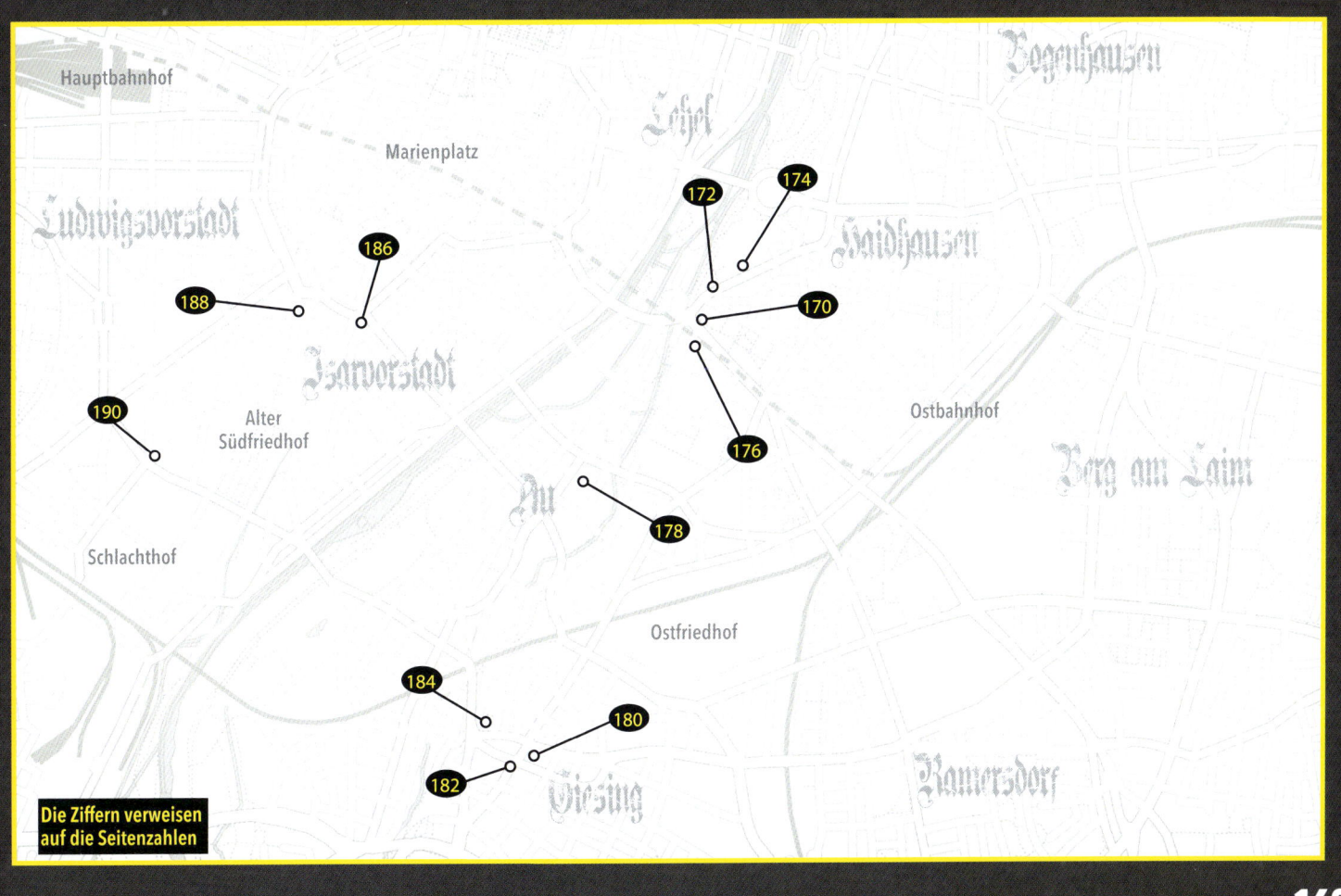

Hauptbahnhof

Marienplatz

Lehel

Bogenhausen

Ludwigsvorstadt

186

188

190

Isarvorstadt

Alter
Südfriedhof

Schlachthof

172

174

Haidhausen

170

176

Ostbahnhof

Berg am Laim

Au

178

Ostfriedhof

184

180

182

Giesing

Ramersdorf

**Die Ziffern verweisen
auf die Seitenzahlen**

Am **GASTEIG,** zwischen **ROSENHEIMER** und **KELLERSTRAßE,** befand sich einst die beliebte Wirtschaft Salzburger-Hof. Dahinter erkennt man ganz links noch das alte Gasteig-Spital, das 1861 errichtet wurde und bis 1974 als Altenheim diente. Gastwirtschaft und Altenheim mussten dem Neubau des Kulturzentrums am Gasteig weichen, das 1978–1985 nach Plänen der Architekten Raue, Rollenhagen und Lindemann erbaut wurde.

1912

Im Kaffee- und Gasthaus Gasteig in der **_INNEREN WIENER STRAßE 2_** traf sich einst der harte Kern der völkisch-nationalen Deutschen Arbeiterpartei (DAP). Der Werkzeugschlosser Anton Drexler hatte die Partei am 5. Januar 1919 mitgegründet. Am 16. September 1919 trat Adolf Hitler der Partei bei und gehörte nun zu den Stammgästen im Café Gasteig. Bald wechselte man in die größeren Räumlichkeiten des nahen Hofbräukellers. In dem Nachkriegsbau ist bis heute eine Gastronomie mit sehr beliebter, weil sonniger Terrasse.

1918

173

Ab 1896 verlegte Hofbräu seinen Braubetrieb aus der Innenstadt nach Haidhausen in die **INNERE WIENER STRASSE.** Bei umfangreichen Umbaumaßnahmen der Produktionsanlagen 1935 wurden auch die Gaststätte und der Biergarten neu gestaltet. Am 6. April 1987 zerstörte ein Großbrand weite Teile der Anlage. Erhalten blieben nur die ehemalige Mälzerei mit Gaststätte und der Biergarten. Die Brauerei wurde nach Riem verlegt und das Ruinengrundstück an die Bayerische Hausbau verkauft, die hier eine hochpreisige Wohnanlage errichtete.

1913

Einst war der Rosenheimer Berg geradezu von Bierkellern durchlöchert. Acht Brauereien standen hier dicht an dicht. Der Münchner Kindl-Keller an der Ecke **ROSENHEIMER/HOCHSTRASSE** rühmte sich ab 1880, Deutschlands größter Saalbau zu sein – und erwies sich als Flop. Die erwarteten Gästemassen blieben aus. 1923 stellte man den Gastronomiebetrieb ein, die Lebensmittelfirma Cenovis übernahm das Gelände. 1969 riss man die Kriegsruine der Cenovis-Werke ab und baute das Motorama sowie das Penta-Hotel (heute Holiday Inn).

Münchener Kindl-Keller
Deutschlands größter Saalbau.

1905

Der Blick von der **ZEPPELINSTRAßE** (damals Entenbachstraße) die **MARIAHILFSTRAßE** hinab zum Mariahilfplatz zeigt, wie sehr sich die Au verändert hat. Die Herbergshäuschen sind modernen Wohnanlagen gewichen. Jede noch so kleine Herberge, typisch für die Au, für Haidhausen und Giesing, diente stets mehreren Familien als Unterkunft und hatte in der Regel viele Besitzer. Der Bewohner einer Etage war meist auch der Eigentümer.

1905

Der einst einheitliche Wohnblock an der **TEGERN-SEER LANDSTRAße** hatte einen verspielt neugotischen Giebel an der Ecke **SILBERHORNSTRAße.** Die Neubauten an gleicher Stelle bilden keine optische Einheit mehr, sie stammen aus unterschiedlichen Nachkriegsjahrzehnten.

Die **TEGERNSEER LANDSTRAßE** in Blickrichtung Norden. Jenseits des Tegernseer Platzes erkennt man auf der historischen Aufnahme noch die ursprüngliche Kleinhausbebauung.

1919

Alte und neue Giesinger Kirche.

Gruss aus München.

Von der Pilgersheimerstraße in Untergiesing aus sah man 1886 am *GIESINGER BERG* noch zwei Heilig-Kreuz-Kirchen. Die große neugotische wurde in diesem Jahr fertiggestellt, die alte romanische Pfarrkirche daneben wurde 1888 abgerissen.

Die Ecke **MÜLLER-/ANGERTORSTRAßE** mit Blickrichtung zur Fraunhoferstraße heute und einst.

1910

Die Ecksituation **MÜLLER-/THALKIRCHNER STRAßE** hat sich grundlegend verändert, außer, dass auch der gläserne Neubau aus den 1990er-Jahren ein Gasthaus beherbergt.

1910

Gasthaus Aibl

Gasthaus Aibl

Nach den Entwürfen von Stadtbaurat Arnold Zenetti wurde ab 1876 der Schlacht- und Viehhof München errichtet. Auf der alten Postkarte sieht man rechts den einstigen Haupteingang zum Schlachthof. Dieses Gelände des Schlachthofs wurde mit dem 1987 eröffneten Arbeitsamt neu bebaut, die Kapuzinerstraße deutlich verbreitert. Direkt gegenüber entstand am *KAPUZINER-PLATZ* die Thomasbrauerei, die 1928 mit Paulaner fusionierte. 1989 wurde das Gebäude saniert und wieder mit einem Sudkessel ausgestattet. Heute wird hier das Zwickl-Bier gebraut.

München. Kapuziner-Platz mit Thomasbräu u. Eingang z. Schlachthof.

BILDNACHWEIS

alle aktuellen Fotos: **Martin Arz**
alle Karten: **Martin Arz/Hirschkäfer Verlag**
historische Fotos:
Hirschkäfer Verlag Archiv 55, 75, 116 (l.), 121, 166 (o.), 177, 185
Stadtarchiv München 7 (DE-1992-FS-HB-XX-S-101), 9 (DE-1992-FS-NL-KV-1202), 11 (DE-1992-FS-HB-XX-S-046), 13 (DE-1992-FS-HB-XX-S-062), 15 (DE-1992-FS-HB-XXIII-278), 17 (DE-1992-FS-NL-PETT1-3081), 18 (DE-1992-FS-HB-XX-S-096), 19 (DE-1992-FS-NL-PETT1-2385), 21 (DE-1992-HV-BS-B-26-08), 23 (DE-1992-FS-NL-KV-2081), 25 (DE-1992-FS-NL-PETT1-2375), 27 (DE-1992-FS-NL-PETT1-4167), 29 (DE-1992-FS-NL-KV-0056), 31 (DE-1992-FS-NL-PETT1-4170), 33 (DE-1992-FS-HB-XXIII-127), 35 (DE-1992-FS-PK-STR-00908), 37 (DE-1992-FS-NL-PETT1-2516), 39 (DE-1992-FS-NL-PETT1-4182), 41 (DE-1992-FS-NL-PETT1-2519), 43 (DE-1992-FS-NL-PETT1-2523), 45 (DE-1992-FS-NL-KV-0068), 47 (DE-1992-FS-NL-KV-1177), 49 (DE-1992-FS-NL-WEIN-0126), 51 (DE-1992-FS-NL-PETT1-1506), 53 (DE-1992-FS-PK-STR-02518), 57 (DE-1992-FS-PK-STR-02517), 59 (DE-1992-FS-NL-PETT2-1973), 61 (DE-1992-FS-NL-PETT1-3281), 63 (DE-1992-FS-NL-PETT1-0137), 65 (DE-1992-FS-NL-KV-0159), 67 (DE-1992-FS-NL-PETT1-1430), 69 (DE-1992-FS-AB-STB-014-03), 71 (DE-1992-FS-NL-KV-0254), 73 (DE-1992-FS-HB-XX-K-017), 77 (DE-1992-FS-NL-PETT1-1983), 79 (DE-1992-FS-NL-PETT1-2068), 81 (DE-1992-FS-NL-PETT1-2081), 83 (DE-1992-FS-NL-PETT1-2865), 85 (DE-1992-FS-NL-PETT1-3141), 87 (DE-1992-FS-NL-PETT1-3596), 89 (DE-1992-FS-PK-STR-03728), 91 (DE-1992-FS-NL-PETT1-3882), 92 (DE-1992-FS-STR-3222), 93 (DE-1992-FS-NL-PETT1-3885), 95 (DE-1992-FS-NL-KV-1297), 97 (DE-1992-FS-NL-KV-0431), 99 (DE-1992-FS-NL-PETT1-0667), 101 (DE-1992-FS-HB-XX-L-015), 103 (DE-1992-FS-NL-KV-0054), 105 (DE-1992-FS-PK-STR-00048), 107 (DE-1992-FS-FOR-1726), 109 (DE-1992-FS-NL-PETT1-3441), 111 (DE-1992-FS-NL-PETT1-3448), 113 (DE-1992-FS-NL-PETT1-3459), 115 (DE-1992-FS-NL-PETT1-1363), 117 (DE-1992-FS-WKII-STR-2009), 119 (DE-1992-FS-HB-XX-T-013), 123 (DE-1992-FS-PK-STB-139659), 125 (DE-1992-FS-NL-PETT1-3820), 127 (DE-1992-FS-NL-PETT1-3085), 128 (DE-1992-FS-NL-PETT1-0742), 129 (DE-1992-FS-NL-PETT1-2657), 131 (DE-1992-FS-NL-PETT1-2658), 133 (DE-1992-FS-NL-PETT1-2650), 135 (DE-1992-FS-NL-PETT1-3787), 137 (DE-1992-FS-NL-PETT1-3198), 139 (DE-1992-FS-NL-PETT1-3170), 141 (DE-1992-FS-NL-PETT1-3180), 143 (DE-1992-FS-NL-PETT1-3184), 147 (DE-1992-FS-NL-PETT1-1736), 149 (DE-1992-FS-NL-KV-0383), 151 (DE-1992-FS-STB-0340), 153 (DE-1992-FS-FOR-0311), 155 (DE-1992-FS-PK-STR-00225), 157 (DE-1992-FS-PK-STB-10247), 159 (DE-1992-FS-KULA-028-04), 161 (DE-1992-FS-NL-PETT1-0109), 163 (DE-1992-FS-NL-PETT1-1992), 165 (DE-1992-FS-PK-STR-02621), 167 (DE-1992-FS-STB-5139), 171 (DE-1992-FS-STB-0552), 173 (DE-1992-FS-NL-PETT1-1321), 175 (DE-1992-FS-NL-PETT1-1314), 179 (DE-1992-FS-NL-PETT1-4090), 181 (DE-1992-FS-NL-PETT1-3521), 183 (DE-1992-FS-PK-STR-03562), 187 (DE-1992-FS-HB-XXIII-221), 189 (DE-1992-FS-PK-STR-03699), 191 (DE-1992-FS-PK-STR-00700)